TAUWETTER IM HERZEN

Begegnungen mit göttlichem Liebesfeuer

Angelika Wildegger

TAUWETTER IM HERZEN

Begegnungen mit göttlichem Liebesfeuer

ISBN 3-8311-1665-2
Erste Auflage 2001
© Angelika Wildegger, Bad Kösen
Alle Rechte vorbehalten
Herstellung: Books on Demand GmbH
Satz und Gestaltung: Angelika Wildegger
Illustrationen und Umschlaggestaltung: Susa Nientiedt

In diesem Band finden sich Texte, die in der Auseinandersetzung mit Theologie und Kirche entstanden. Lesen und Schreiben war für mich seit jeher eine Möglichkeit, mich in fruchtbarer Weise mit Gott und der Welt auseinanderzusetzen, ein Beitrag zur Klärung und Weiterentwicklung der eigenen Gedanken. Erstmals veröffentlichte ich in verschiedenen religiösen Diskussionsforen im Internet. Nachdem ich mehrfach ermuntert worden war, meine Gedanken einem größeren Kreis von Lesern zugänglich zu machen, begann ich im Herbst 2000 mit dem Aufbau einer privaten Homepage. Aufgrund des positiven Echos entschloss ich mich dann, eine Auswahl meiner Texte in Buchform zu veröffentlichen. „Tauwetter im Herzen" heißt dieses Buch nicht zuletzt deshalb, weil mir Menschen immer wieder mitteilten, dass diese Gedichte sie sehr direkt angesprochen und ihnen einen neuen Zugang zu Religion vermittelt hätten. Weil alle Texte von wärmenden, bisweilen sogar hitzigen Begegnungen mit Gott erzählen, lautet der Untertitel „Begegnungen mit göttlichem Liebesfeuer".
Begegnen durfte ich Gottes Liebesfeuer in Menschen, die mir während dieser Zeit ihre Herzenswärme und Zuneigung schenkten. Ihnen möchte ich mit der Veröffentlichung dieses Buches danken.
Besonderer Dank gilt meinem Mann Georg und unseren Kindern Anna, Theresa, Tobias und Clemens, die mir unverbrüchlich zur Seite stehen und mich (er-) tragen.

Bad Kösen, anno 2001

Inhaltsverzeichnis

Einsam geknicktes Rohr.. 9
Gottes Geist.. 10
Ich bin der Weg.. 12
Seelenklang..14
Wo zwei oder drei..15
Mitten durch die Wüste...16
Licht und Liebe..18
Die Wiege des Lebens...20
Ich habe den heiligen Geist gespürt....................................22
Tauwetter im Herzen..24
Mit Leib und Seele Gott leben..26
Nicht von dieser Welt sein...27
Gesichter Gottes...30
Leuchtspur...32
Doch...33
Ewiges Liebesfeuer...34
Herzergreifend...36
Regenbogenlicht im Nebel...37
Seelenlandschaft...38
Manchmal da hab ich den Kanal einfach gestrichen voll..................40
Steinigung mit Rosenblättern...41
Liebeslied Gottes..43
Antwort Israels..45
Hunger...46
Heimat finden..48
Auferweckung...49
Brennen wie eine Kerze...51
Begegnung mit dir..52
Licht..53
Ein Lächeln..55
Brennender Dornbusch...56
Hoffnung in Gebrochenheit..58
Hollywood-Schaukel...59
Gottes Liebe...60
Deine kleine Liebesgeige...62
Auferstehung von den Toten...63
Gepäck...64
Wo zwei oder drei..66
Zwischen den Dingen..67
Nachtgebet...69
Anstelle einer Autorenvorstellung......................................71

Einsam geknicktes Rohr

Einsam geknicktes Rohr,
ausgetrocknet, müde und leer
inmitten scheinbaren Überflusses.....
doch niemand schenkt belebend wogendes Meer.

Einsam geknicktes Rohr,
trauernd, zweifelnd an aller Menschlichkeit
inmitten von Menschen.....
doch kein einziger Mensch weit und breit.

Einsam geknicktes Rohr,
dunkler Todesschatten breitet seinen Mantel über mich,
nur in Gemeinsamkeit ist Leben....
doch wie finde ich Dich?

Einsam geknicktes Rohr,
tief in mir drinnen höre ich eine Melodie
sanft und leise von Liebe singend,
umwerbend ist sie.

Du, singt sie, komm und tanz mit mir!
Das Leben geht weiter, jetzt und hier!
Du, ruft sie, beweg dich von quälender Stelle!
Reich mir die Hand, ich führ dich zur Quelle!
Du, trink dort und tanz mit mir Liebesreigen!
Sing mit mir gegen tötendes Schweigen!
Du, ruft sie, und reißt aus Trauer mich fort!
Geh mit mir an wahrhaft himmlischen Ort!
Sie richtet mich auf und stützt mich so lang,
bis ich wieder aufrecht gehen kann,
damit ich dem Nächsten den Trost weitergebe,
den ich in meiner Trauer erlebe.
So lässt sich göttliche Liebe erden,
bis endlich wir eins in Gott sein werden.

Gottes Geist

Gottes Geist will mich benutzen,
umwirbt mich sanft,
streichelt meine verletzte Seele,
flüstert mir zu:
"Komm! Folge mir nach!"
Gottes Geist will mich benutzen.

Aber ich habe mich festnageln lassen,
auf mein Ego,
auf mein Habenwollen,
festnageln lassen auf Haben statt Sein.

Und es schreit in mir:
"Mein Gott, mein Gott,
warum hast du mich verlassen?"

Gottes Geist will mich benutzen,
streichelt meine verletzte Seele,
sagt klar und deutlich:
"Komm! Folge mir nach!"
Gottes Geist will mich benutzen.

Und ich hebe meinen Kopf,
suche den liebevollen Blick Gottes,
möchte, dass er mich von meinem Kreuz befreit,
von meinem Kreuz kleinlicher Begehrlichkeiten,
auf das mich mein Ego festgenagelt hat,
von meinem Kreuz ichbezogener Angst vor Einsamkeit,
auf das mich schrille, selbsternannte Prediger festnageln wollen,
die mir gnadenlos und unbarmherzig in meine Seele einhämmern:
"Wenn du nicht....., dann...! Wenn du nicht..., dann...!
Wenn du nicht..., dann...! Wenn du das von uns verkündete Wort Gottes
nicht glaubst,
dann gehörst du nicht in die Gemeinde Christi!".....
bis ich mit zerrissener Seele schon fast ergeben ihren Predigten folge....
Aber da ist Gottes Geist in mir...
Ich möchte, dass Gott seinen Geist in mir auferstehen lässt,
den ich in meinen Selbstzweifeln verloren glaubte.

Gottes Geist will mich benutzen,
lächelt mir aufmunternd zu,
löst meine an mein Kreuz gebundenen Glieder,
fordert mich auf:
"Komm! Lass alles hinter dir!
Komm! Zerbrich' dein Kreuz!
Wirf es fort! Es ist zu schwer!
Wirf es fort! Du bist frei!
Wirf es fort!
Du sollst mein Kreuz tragen!
Nimm mein Joch auf dich!
Lerne von mir göttliche Liebe!
Ich bin sanftmütig und von Herzen demütig!
Du wirst Ruhe finden für deine Seele;
denn mein Joch ist sanft, und meine Last leicht."

Und meine Seele bekommt Flügel und jubelt auf:
"Nie hat Gott mich verlassen!
Immer ist er in mir!"
Und ich mache mich auf und davon,
fliege fort von meinem selbstgezimmerten Kreuz,
dem leichten Joch Gottes entgegen.

Ich bin der Weg

Der, der dich bewegt,
das ist der, der alles in Bewegung gesetzt hat.

Der, der dich bewegt,
das ist der, der dich zum Aufbruch ruft.

Der, der dich bewegt,
das ist der, der dir sagt:
„Breche mit allem, was sich dir in den Weg stellt!
Breche deine Verkrustungen auf!
Brich auf! Mach dich auf den Weg!

Der, der dich bewegt,
das ist der, der diese Botschaft so befreiend und bewegend ruft,
dass du dich bewegen musst.

Wenn er dich bewegt hat,
dann machst du dich auf:
du öffnest deine Augen,
deine Ohren,
deine Nase,
deinen Mund,
deine zuvor zur Faust geballten Hände,
du bleibst nicht mehr stehen,
es gibt keinen Stillstand mehr, weder im Geist noch in der Tat,
du öffnest dich ganz, mit all deinen Sinnen.

Du wirst getauft mit einem neuen Geist,
dem Geist des Aufbruchs,
der Bewegtheit für und mit anderen,
mit dem Geist der Freiheit.

Mit ganzem Herzen und ganzer Seele beginnst du,
liebend dich und andere zu bewegen.

Auf deinem Weg wirst du aufgrund deiner Bewegtheit bewegend werden.
Du wirst mitreißende Bewegung werden,
so wie er dich bewegt hat, wirst auch du andere bewegen.
Einzige einende Bewegung.........

Zu Eis erstarrte Blumen werden durch dein bewegendes Liebeslied tauen.
Du wirst Blumen der Freude aus ihrer Erstarrung aufbrechen lassen.
Sanft werden sie ihre Blütenköpfe wiegen.
Und das Leben wird zu einem bewegten und bewegenden Tanz werden,
zu einem Tanz gegen allen Stillstand,
zu einem Tanz, der auffordert,
sich auf den Weg zu machen, dem einen Licht entgegen,
zu einem Tanz auf die Melodie deines Herzens,
die in den Abgründen menschlicher Gemeinheit und Unbeweglichkeit
verschüttet lag,
zu einem Tanz auf die Melodie allen Lebens:
„Mache dich auf und werde Licht!
Denn ich bin der Weg, die Wahrheit und das Leben."

<u>Seelenklang</u>

Du barmherziges Du hast die Saiten meiner Seele berührt,
hast die Saiten meiner Seele zum Schwingen und Klingen gebracht,
mir dein Liebeslied gespielt,
mich gelehrt, es inwendig zu spielen,
behutsam und sanft...
Du barmherziges Du,
ich danke dir.

Du barmherziges Du,
dein Liebeslied höre ich in meiner Seele singen
und ich weiß,
du willst, dass ich dein Liebeslied lebe,
die Seelen meiner Geschwister berühre,
die Saiten ihrer Seelen zum Schwingen und Klingen bringe,
damit wir gemeinsam dein Liebeslied spielen,
behutsam und sanft,
mehr und mehr,
uns einend zu einem Liebesorchester,
um dein Liebeskonzert zu spielen beim himmlischen Liebesmahl.

Sinnlos wäre all mein Tun,
wenn ich nicht eine Seelensaite meines Nächsten zum Klingen brächte,
wenn ich nicht einer Seelensaite einen sanften Ton entlocken könnte.
All mein Gesang in mir wäre sinnloser Singsang,
wenn ich ihn nicht nutzte,
Seelensaiten in Schwingung zu versetzen.

Seelenklang....
Engelsgesang.....

So bitte ich dich, du barmherziges Du,
bleib' in mir,
schenke mir jeden Tag neu deine Liebesmelodie,
damit ich klinge mein Leben lang.
Amen.

Wo zwei oder drei

Du, mein mich liebender Gott,
den auch ich immer zu lieben geschworen habe.
Ich weiß ganz genau, dass du mich liebst,
trage ich doch das Zeichen deines Bundes mit mir in meinem Herzen.
Aber manchmal fühle ich mich doch gottverlassen und zweifle an dir.

Und das schmerzt so sehr,
weil ich dich liebe und mich nach deiner Liebe sehne.
Und das schmerzt so sehr,
weil ich deine Liebe mit all meinen Sinnen spüren möchte,
nicht nur mit meinem Verstand.
Ich weiß ganz genau, dass du mich liebst,
aber manchmal bin ich nur noch ein Schatten meiner selbst.

Wenn ich ganz klar im Kopf bin,
wenn er nicht benebelt ist von sehnsüchtigem Schmerz,
dann weiß ich auch, was zu tun ist,
dann kann ich klar und bestimmt handeln,
egal, was da kommen mag.

Und das sind die Momente, in denen ich dich mit all meinen Sinnen liebe,
mit Leib und Seele, Herz und Verstand.

Und das sind die Momente, in denen ich wahrhaftig Ich bin,
nicht nur ein Schatten meiner selbst.

Und das sind die Momente, in denen ich eins mit Gott und mir selbst bin,
die Momente, in denen ein göttlicher Funken überspringt,
von Gott zu mir auf andere und umgekehrt.

Das sind die Momente der Erleuchtung mit deinem Licht der Welt,
in denen ich Ausstrahlung habe,
in denen es keinen Schatten gibt.

Das sind die Momente,
wo zwei oder drei beisammen sind im Namen Gottes,
wo Gott mitten unter uns ist.

<u>Mitten durch Wüste</u>

Du bist aufgebrochen aus Ägypten,
weg von den Fleischtöpfen toten Lebens,
von den Krügen abgestandenen schalen Wassers.
Du bist aufgebrochen aus Ägypten,
weil er dich gerufen hat.

Freudig hast du dich aufgemacht in das Gelobte Land,
voller Überschwang bist du losgezogen
weg von der breiten Straße der trägen, bequemen, behaglichen Massen,
von allem Vertrauten und Bekannten.
Freudig hast du dich aufgemacht in das Gelobte Land,
weil er dich gerufen hat.

Du hast dich in die Einsamkeit der läuternden Wüste Gottes gewagt.

Jetzt stehst du da,
die sengende Hitze deiner eigenen Kleingläubigkeit hat dich eingeholt.
Unbarmherzig brennt glühende Sonne
höllisch übermäßigen Zweifels in deinem ganzen Körper.

Ist Gott überhaupt?

Die Luft ist flirrend heiß,
scheint dir fast jeglichen Lebensatem zu nehmen.
Teuflische Trugbilder tanzen verführerisch zuckend vor deinen Augen.
Unwirkliche Bilder prallsten Lebens,
vervielfachte, ineinander geschobene, egoistisch nichtige Luftspiegelung,
Fata Morgana deiner eigenen Wünsche,
greifst du wieder und wieder ins Leere..........
knickst ein, brichst zusammen,
wie trockenes Rohr,
ausgebrannt und leer,
deine aufgesprungenen Lippen schmerzen,
die Zunge klebt dir am Gaumen,
tief in dir ein einziger hilfloser Schrei:
„Wasser!!!"

Schwarzer Todesmantel legt sich auf dich.
....

Untertauchen in ein nie gekanntes Sein......

Bin ich schon tot oder lebe ich noch?

Sanft kühlende Morgentausonne streichelt deine ausgebrannte Seele,
berührt zärtlich deine schmerzenden Lippen in kosendem Kuss,
schenkt dir Tropfen für Tropfen neues Leben,
löst deine Zunge vom trockenen Gaumen.

Staunend hörst du dich fragen: „Du?"

Sanft kühlende freundliche Morgentausonne streichelt dich nickend:
„Ich bin bei dir"

„Du!",
jubelt laut deine Seele auf,
„Du! Du! Du!"

Sprudelnde Quelle schenkt dir neues Leben,
Strom lebendigen Wassers durchflutet dich.
Unbändiges Glücksgefühl!
Tosender Gebirgsbach reißt dich fort aus allem Gewesenen,
fort dem Land der Verheißung entgegen.

„Ja!!!" schreist du,
stimmst in das Halleluja der Engel ein, die dich begleiten.

„Halleluja! Gott lebt und mit ihm auch ich!"

<u>Licht und Liebe</u>

Liebe.......
und ein Lächeln huscht über ein finsteres Gesicht.
Liebe.......
und ein Funke springt vom einen auf den anderen über.
Liebe........
und ein eisiges Herz taut und steht plötzlich in Flammen.
Liebe.......
und ein Licht leuchtet auf in der Finsternis.
Liebe........
und wir beginnen einen gemeinsamen Lichtertanz.
Liebe.......
und schwarzes elendes Leben wird zu wahrhaftigem lichten Leben.
Liebe...........
und die Dunkelheit wird zu Licht.

**Ich bin die Liebe, das Licht der Welt.
Und ihr, meine Jünger, ihr seid auch das Licht der Welt.
Geht und tragt das Licht hinaus in die Welt!**

Die Wiege des Lebens

Das Meer ist die Wiege des Lebens.......heißt es....
Das Meer.........

Ich stehe am Strand und sehe sie mir an,
die Wiege des Lebens....., deine Wiege....., meine Wiege.....,
unsere Wiege.......

Ich stehe am Strand und schmecke das Salz auf meinen Lippen.....
Meeres Salz......, Salz der Erde......,Lebens Würze........

Ich stehe am Strand und spüre das Wasser meine Füße umspülen.......,
kühles, erfrischendes Wasser...., Meeres Wasser...., lebendiges Wasser......

Das Meer ist die Wiege des Lebens.........Urmeer......ewiges Meer........
Leben trägst du in dir............

Ich stehe am Strand und lausche dem sanften Raunen,
leise kräuseln die Wellen sich,
wiegen auf unerklärliche Weise hin und her........

Ich stehe am Strand und schließe die Augen........

höre das Raunen der Wellen, das Raunen des Meeres,..........
das Raunen des Lebens.........., das Raunen der Ewigkeit..............,
das Raunen, das da zu mir spricht:
„Hör her....,
manchmal werfe ich dich hin und her......
in des Lebens Stürmen wie eine Nussschale auf unendlichem Meer......,
doch wisse:
Ich bin die Wiege des Lebens, das Salz der Erde, lebendiges Wasser......
Ich bin das große Sein....
Ich bin bei dir alle Tage des Lebens
bis ans Ende aller Zeit und wiege dich in Unendlichkeit."

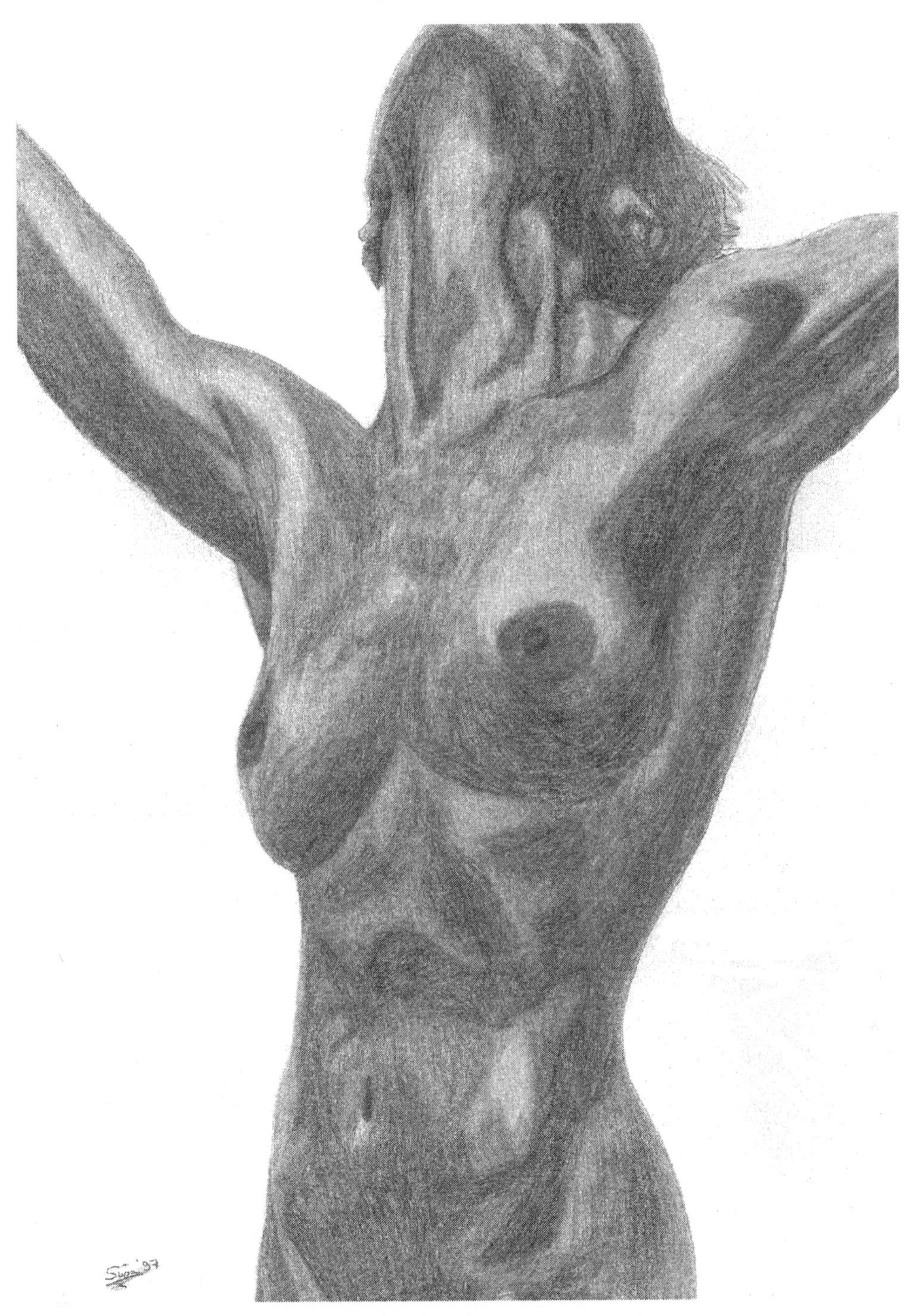

Ich habe den heiligen Geist gespürt

Ich habe den heiligen Geist gespürt.
Du fragst mich „Wie?".
Erst gestern war er wieder bei mir.
Willenlos ließ ich es zu.....

Ich traf einen Menschen,
der blickte mir tief in meine Seele
und er fragte mich:
„Darf ich dich führen?"

Seltsam angerührt ließ ich es geschehen.
„Komm mit mir, ich zeige dir meine Löwen und Tiger!
Sie tun dir nichts, solange ich bei dir bin.
Du kannst sie streicheln.
Komm in den Raubtierkäfig, der keiner ist,
solange wir einander vertrauen."

Aber ich hatte noch ein wenig Angst.
So nahm mich der Mensch bei der Hand,
meine Hand in seiner warmen, starken und doch zärtlichen Hand,
führte er mich sanft nach oben, über mich hinaus,
zeigte mir Landschaft über den Dächern selbstgebauter Ängstlichkeiten.
„Schau in die lichte Weite von Gottes herrlicher Schöpfung",
munterte er mich liebevoll auf.

Da schwand mein Eigensinn, schwerelos wurde mein Körper
und meine Seele begann zu schweben.
Ich spürte den heiligen Geist,
spürte sanft seinen ewigen Atem meine Seele beflügeln,
spürte nur mehr meine Seele,
leiser Wind weht Tränenschleier fort,
lässt sehen in die Liebe:

Liebe, die nichts kennt außer Liebe,
Liebe, unabhängig von kleinlichen Ängstlichkeiten,
Liebe, unabhängig, geschlechtslos, weil Seelenliebe,
Liebe, zärtlich, unfassbar, uneigennützig, weil bedingungslos.

Offene Tore,
schwebende wunderschöne Löwen und Tiger,
allein zur Zierde himmlischen Seins von Gott erdacht,
Seelen in vollkommener Einheit zärtlich hauchend „Ich liebe dich".
Lieblich duftende weite Felder voller Blumen und Bäume,
Menschen über ihr Ich hinausgewachsen, menschlich und göttlich zugleich,
verbunden in Liebe zu einem einzigen harmonischen Seelenleib,
getragen vom heiligen Geist,
getaucht in unendliches rotgoldenes Licht,
vollkommenes Bewusstsein, dass es so richtig sei,
erkennend die Vorläufigkeiten und Bedingtheiten irdischen Lebens,
süßer, freudiger Schmerz im Herzen,
du denkend, dich liebend, du,
„Ich liebe dich, du göttliche Seele".
Sanft streichelt meine Seele heiliger Geist,
stärkt mich in liebevoller Umarmung,
vorsichtig hebt mich heiliger Geist aus meiner Entrückung,
lässt mich wieder meine Hoffnungswurzeln im irdischen Leben finden,
und am Abend meines Tages,
zurück auf der Erde.......
gebrochenes einziges Licht,
Rotorangegelbgrünblauviolett Bogen gespannt von göttlicher Hand,
weit über den Himmel die Erde berührend,
den Himmel erdend,
Regenbogen,
Hoffnung auf Heilung aller menschlichen Gebrochenheiten
göttlich verheißungsvolles Bundeszeichen......................

<u>Tauwetter im Herzen</u>

Wir sitzen fest,
eingeschneit in unseren Gedanken,
festgefroren an unserem Standpunkt,
unverrückbar,
den eiskalten Blick starr auf die Fehler des anderen gerichtet
„Der ist nicht mehr zu retten! Dem Untergang geweiht!"

Klirrend eisiges Herz
Unbeweglich, starr
Und sich doch im tiefsten Inneren nach Wärme sehnend.......
Wintertotenstarre

Und doch dürfen wir vertrauen,

vertrauen,

dass wir auftauen,

dürfen vertrauen

auf den warmen Wind,

der aus den Bergen der Stadt Gottes weht,

der uns umspielt,

die wir erstarrt zu Eis verharren,

dürfen vertrauen

auf den Heiligen Geist,

der uns umspielt

mit seinem wärmenden lebendigen Atem........

bis unser
Eis

Tr

    o

pf

e

  n

    f

ür

  Tr

    o

  p

  fe

n

t

a

  u

t

Tropfen

für

Tropfen

TAUWETTER!!!

<u>Mit Leib und Seele Gott leben</u>

Augen, die den Mitmenschen sehen,
Augen, die auf das Gute in jedem Menschen sehen,
Augen, die mit dem Herzen sehen,
Augen, die vor Güte strahlen,
Augen, die warmes Lächeln schenken,
solche Augen sehen tiefe Wahrheit und heilen

Hände, die behutsam sind,
Hände, die zärtlich sind,
Hände, die verwundete Herzen streicheln,
Hände, die vom Herzen geleitet sind,
Hände, die von Gottes Liebe geführt sind,
solche Hände heilen.

Lippen, die weich und sanft sind,
Lippen, die liebevoll reden,
Lippen, die begeistert von den Wundern der Welt erzählen,
Lippen, die von Gottes unendlicher Liebe singen,
Lippen, die zärtlich dem Mitmenschen lebendigen Atem geben,
solche Lippen heilen.

Füße, die sanft, aber bestimmt auftreten,
Füße, die auf den Mitmenschen zugehen,
Füße, die den Weg der Liebe gehen,
Füße, die sich zu himmlischem Rhythmus bewegen,
Füße, die tanzend Frohbotschaft bringen,
solche Füße heilen.

Menschen, die mit Leib und Seele im Geist Gottes leben,
werden von Gott verwandelt zu Boten Gottes.
lassen ihre Mitmenschen einen Hauch ewigen göttlichen Atems erfahren,
verwandeln vor Kälte zitternde Herzen zu bunt blühenden Wiesen.

Nicht von dieser Welt sein

Immer wieder überkommt sie mich,
diese Hilflosigkeit,
diese Trauer über mein eigenes Unvermögen,
diese Unzufriedenheit mit meinem Selbst,
diese Wut gegen Gott und die Welt,
die mich schreien lässt:
Warum???
Ich will das nicht!
Ich will nicht,
dass es mir gut geht,
aber dir nicht.
Ich will nicht hier in dieser Welt sein,
denn ich spüre ganz genau,
ich gehöre nicht hierher.
Ich will nicht in dieser Welt voller Ungerechtigkeiten sein,
will nicht mich satt und zufrieden zurücklehnen,
weil es mir ja so gut geht.
Ich will nicht einfach nur mein Leben genießen.
Ich fühle mich nicht wohl dabei.

Ich will Bäume ausreißen,
Berge versetzen,
die Welt in ihren Grundfesten erschüttern können.
Ich will die Welt verändern!

Und dann tobe und wüte ich gegen alles,
was sich mir in den Weg stellt,
benehme mich wie ein wild gewordener Stier,
renne in blinder Wut über mein Nichtkönnen gegen alles an,
was mir ungerecht, was mir nicht gut erscheint.
Ich renne dagegen an und schnaube vor Wut,
weil ich das blutrote Ungerechtigkeitstuch zwar sehe,
es aber nicht zu fassen bekomme.
Und ich will nicht einfach so tun,
als ob es dieses Tuch nicht gebe!
Ich habe es gesehen!
Ich renne dagegen an,
will dieses blutrote Tuch zerfetzen,
weil es mich reizt.

Und wenn ich mir die Hörner abgestoßen habe,
mein Kopf schmerzt,
ich von meiner Raserei erschöpft bin,
dann sinke ich in mich zusammen,
erschöpftes kleines Schaf,
das sich hoffnungslos verlaufen hat,
nicht mehr nach Hause findet...

Und dann weine ich,
weil ich spüre,
dass ich nicht hierher gehöre,
nicht in diese Welt voller Ungerechtigkeiten.
Und ich spüre eine große Sehnsucht nach dem Ort,
an dem ich geboren bin,
ein große Sehnsucht nach dem Garten,
in dem ein klarer erfrischender Gebirgsbach sein Lied plätschert.

Diese Sehnsucht wird so unsagbar stark,
dass mich mein Hirte barmherzig auf die Schulter nimmt,
mich an diesem sein Ewigkeitslied murmelnden Bach ausruhen lässt,
mich aufmerksam macht für diese klare lebendige Ewigkeitsmelodie.

Dann schließe ich meine Augen,
verlasse einen Moment die Welt voller Ungerechtigkeiten,
rieche den paradiesischen Duft,
spüre die kühlende Frische klaren Quellwassers auf meiner Haut.

Einige Momente die Ewigkeit erfahren dürfen......
und dann wieder zurückkehren in diese andere Welt,
die mich immer wieder wütend macht.

Einige Momente die Ewigkeit erfahren dürfen......
und dann wieder gestärkt sein für diese andere Welt,
in die mich Gott gestellt hat.

Einige Momente die Ewigkeit erfahren dürfen........
Und dann wieder in dieser anderen Welt wirken als Gottes Ebenbild,
bis alles bereitet ist,
damit wir unser Freudenmahl feiern können.
Und dieses Mal besser tun, was zu tun ist,
die Worte meines Hirten verinnerlichen,
der mir zärtlich zuspricht:

„Du mein kleines Schaf......
Du sollst nicht verletzt sein
wegen deiner und der Welt Unzulänglichkeit.
Du sollst nicht beginnen,
dich und die Welt deswegen zu hassen.

Du sollst lieben,
ausdauernd,
barmherzig,
demütig,
deine Liebe gegen alle Ungerechtigkeit der Welt setzen.
Liebe!
Liebe geduldig und sanftmütig,
und du wirst Berge versetzen können.
Glaube mir!"

Gesichter Gottes

Gott, du hast mich gerufen,
ganz deutlich habe ich deine Stimme gehört,
du sagtest. „Folge mir! Tu, was ich dir sage!
Mache dich auf und werde licht!"
Und ich hob mein Gesicht zu dir empor,
blinzelte dich staunend an und konnte dich doch nicht sehen.

„Komm!", sagtest du,
„hab keine Angst, ich bin bei dir für alle Ewigkeit!
Komm, schau her, so einfach bin ich zu sehen!
Schau dich nur um, du wirst mich sehen!
Bedenke, was ich gesagt:
Was ihr dem Geringsten meiner Geschwister getan habt,
das habt ihr mir getan!"

Noch einmal spürte ich deine warme Umarmung,
hörte dein zärtliches Flüstern:" Komm....."
Und fort gingst du, ließest dich nicht festhalten.....
Sehnsüchtig sah ich deinem warmen tanzenden Licht nach..............
Ja, dorthin wollte ich kommen, ja, bei dir will ich sein!

Benommen und trunken,
vor Sehnsucht nach deinem liebevollem Gesicht vergehend,
machte ich mich auf.
Zu dir wollte ich hin, zu dir allein
und deine Worte ließen mich nicht mehr los:

„Was du einem deiner Geschwister getan hast,
das hast du mir, deinem Gott, dem einzigen Gott getan!"

Gott, alles hast du geschaffen,
wir gehören alle dir.
Wir sind alle Geschwister.
Und wunderbare Wärme durchströmte mich bei dieser Erkenntnis:
Ja, das ist es!

Und ich begann die Welt mit anderen Augen zu sehen,
mit den Augen geschwisterlicher Liebe,
mehr und mehr......

Und ich sehe plötzlich die Gesichter Gottes:
Der Obdachlose, der in der Fußgängerzone kauert.
Die alte Frau, die verstört an der Kreuzung steht.
Das Kind, das weinend im Sandkasten sitzt.
Die Zigeunerin, die um ein paar Mark bettelt.
Die Frau, die ungewollt schwanger ist.
Der junge Mann, den seine Freundin verlassen hat.

Gott ist da. In jedem deiner Mitmenschen kann er dich anrufen!
Gott ist nicht weit weg, er ist mitten unter uns,
er wird dort lebendig, wo zwei oder drei in seinem Namen,
in seinem Sinne beisammen sind.

Gott teilte Brot und Wein und sprach:
„Das ist mein Leib und Blut, das für euch hingegeben wird.
Tut dies zu meinem Gedächtnis!"

Im Teilen sind wir der eine Leib Jesu Christi,
die himmlische Gemeinschaft, von der er uns erzählt.
Im Teilen werden wir eins.
Im Teilen, im gegenseitigen Geben und Nehmen
werden wir unterschiedslose Gemeinschaft, Communio,
Leib unseres Gottes, Mensch geworden in Jesus Christus,
unterschiedslos eins im heiligen Geiste.

Teilen in einender Gemeinschaft:
„Wo das geschieht, gibt es nicht mehr Griechen oder Juden,
Beschnittene oder Unbeschnittene,
Fremde, Skythen, Sklaven oder Freie",
wo das geschieht, gibt es nicht mehr Katholische oder Evangelische,
Muslime, Buddhisten, Hindus oder Heiden,
„sondern Christus ist alles und in allen."
Wo das geschieht, wird aus den vielen Gesichtern Gottes
das eine göttliche Gesicht teilender Liebe.

<u>Leuchtspur</u>

Manchmal flackert dein göttliches Licht in mir nur noch,
Unsicherheit und übermäßige Zweifel haben mich gepackt.
„Wo bist du?", rufe ich in tiefschwarze Nacht,
„Wo bist du? Ich kann dich nicht sehen."
Orientierungslos irre ich umher.
Wem soll ich vertrauen?

„Wo bist du? Zeig dich mir!",
schreie ich in tödliche Finsternis hinein.

Manchmal weiß ich nicht einmal mehr, dass dein göttliches Licht in mir ist.
Rabenschwarzer Todesmantel will mich umhüllen,
lässt eisigen Schauer über meinen Körper rieseln.
Bin ich denn ganz allein?
Wo bist du....
du.........
du.....
du....?

Nur winziger Hoffnungsschimmer hält mich am Leben.

„Wo zwei oder drei in meinem Namen versammelt sind......."

Und winzigen Hoffnungsschimmer sehe ich.
Du mein liebender Bruder,
du leuchtest mir den Weg aus,
wenn ich mich auf Abwegen befinde.
Du meine Schwester,
du spurst meinen Weg,
wenn ich die Spur verloren habe.

Du, du, du,
dein Licht leuchtet mir,
wenn ich mein Licht unter den Scheffel gestellt habe,
so dass es fast erstickt.
Du, du, du,
deine Spur darf ich aufnehmen,
wenn ich selbst nicht mehr spuren kann.
Du, du, du.

Leuchtspur bist du, meine Schwester,
Leuchtspur bist du, mein Bruder,
wenn ich nicht mehr weiter weiß.

Heilige und heilende Leuchtspur im Geist Gottes sollen wir sein,
den Weg bereiten und ausleuchten in der Finsternis der Nacht,
du mir und ich dir,
gebend und nehmend,
einander tragend auf unserem Weg zum einen Licht der Welt.

Doch....

Wunschkerzenlichter mögen im Dunklen zittern
der Vorhang der Nacht sich über meinen silbernen See legen,
eine Ewigkeit Totenstille herrschen,
die Nachtigall Klagelieder singen......

Doch über allem schwebt unfassbare Liebesmelodie,
die, mich ergreifend,
meine Saiten zum Klingen
und meinen Körper zum Schwingen bringt,
Konzertmeister meines Lebens ist.

Ewiges Liebesfeuer

Gott, vollkommene Liebe,
zu uns gekommen, uns deine Liebe zu zeigen,
zu uns gekommen, uns mit deiner Liebe zu umfangen,
zu uns gekommen, uns mit deiner Liebe zu erfüllen,
zu uns gekommen, uns mit deiner Liebesglut zu entfachen,
zu uns gekommen, in uns das Feuer der Liebe zu entzünden,
zu uns gekommen.

Gott, Licht der Welt,
Gott, vollkommene Liebe,
zu uns gekommen in menschlicher Gestalt,
zu uns gekommen in unsere Dunkelheit,
zu uns gekommen, um uns Licht zu sein,
zu uns gekommen, um unsere Dunkelheiten zu erhellen,
zu uns gekommen, um uns aus unserer Dunkelheit zu holen,
zu uns gekommen.

Gott, ewiges Licht und ewige Liebe,
Gott, ewiges Liebesfeuer,
zu uns gekommen!

Gott, ewiges Licht und ewige Liebe,
Gott ewiges Liebesfeuer,
zu uns gekommen trotz unserer Dunkelheiten,
zu uns gekommen aus Liebe,
zu uns gekommen, uns aus unserer Scham zu befreien,
zu uns gekommen aus Liebe,
zu uns gekommen, aus Mit-Leid an unserer Scham und Angst
zu uns gekommen, damit wir frei unsere Dunkelheiten annehmen können,
zu uns gekommen, aus Liebe, nicht um uns zu strafen,
zu uns gekommen, damit wir zu unseren Dunkelheiten stehen,
zu uns gekommen, nicht um zu strafen, sondern aus unendlicher Liebe,
zu uns gekommen.

Gott, ewiges Licht und ewige Liebe,
zu uns gekommen!

Gott, ewiges Liebesfeuer,
zu uns gekommen,
damit wir wieder wagen zu dir aufzuschauen,
damit wir wieder wagen das Licht zu sehen,
damit wir uns nicht weiter in Dunkelheit vergraben,
damit wir in dein Licht kommen,
damit wir erhellt, erleuchtet werden,
damit wir leuchten in deinem Angesicht,
damit wir deine Lichtträger werden,
damit wir dein Licht in die Dunkelheiten der Welt tragen,
damit wir wissend um deine Liebe unsere Angst abwerfen,
damit wir geliebt den Mut haben zu lieben,
damit wir nachfolgen dir,
dem ewigen Licht,
der ewigen Liebe,
dem ewigen Liebesfeuer,
damit wir dein Liebesfeuer größer und größer werden lassen,
damit wir dein Liebesfeuer für alle sichtbar machen,
damit wir aufbrechen aus Angst und Kleinmut,
damit wir das scheinbar Unmögliche möglich machen wollen,
damit wir sagen:

„Ja, ich habe Dunkelheiten.
Ja, ich habe Fehler!
Doch Gott liebt mich, ich darf ihm vertrauen.
Doch in Gottes Liebe kann ich meine Dunkelheiten überwinden.
Denn er will in mir sein unendliches Liebesfeuer entfachen,
und sein Wille soll an mir geschehen.

Amen.

<u>Herzergreifend</u>

Wenn Du mein Herz ergreifst,
dann spüre ich einen leisen Schmerz,
dann spüre ich den tiefen Ernst deiner Liebeszusage,
dann spüre ich, was es heißt, geliebt zu werden.

Wenn Du mein Herz ergreifst,
dann spüre ich, was es bedeutet,
solch herzergreifende Liebe zu erwidern.

Wenn Du mein Herz ergreifst,
dann kann ich nicht mehr Nein sagen,
dann bin ich meinen Willen los,
dann nehme ich deinen Willen an,
dann will ich, was Du willst,
weil Du es bist, der will,
weil ich weiß, dass ich mit dir alles loslassen kann,
all meine Angst, meine Sehnsucht, meine Wünsche,
weil ich weiß, dass Du mich vollkommen erfüllst,
mein Herz ganz ergreifst,
bis in den letzten Winkel hinein mit deinem Atem ausfüllst.

Wenn du großes DU mein Herz erfüllst,
dann weiß ich nichts anderes als dich,
dann bin ich Du, dann beginne ich,
erfüllt von dir,mit voller Stimme dein Halleluja zu singen.

<u>Regenbogenlicht im Nebel</u>

Dichter Nebel, dunkel und schwer,
hielt meine Gedanken gefangen,
dichter Nebel, dunkel und schwer,
nur Nebelmeer schien zu sein
und doch suchte ich Licht.

Durch dichten Nebel, dunkel und schwer,
rief ich nach dir, den ich nicht sah,
nach dem ich mich doch sehnte,
nach dir, meinem Lebenslicht.

Heiße Sehnsucht nach dir, aufflammend mehr und mehr,
löste allmählich tränennassen Nebel auf,
dein Lichtstrahl nahm alle Schwere von mir.
Dein wärmendes Licht umspielte meine Nebelgedanken,
löste meine Nebelschleier auf,
ließ mich dich sehen.

Du, mein Lebenslicht, nimmst alle Benebelung von mir,
lässt mich dich klar und deutlich erkennen,
Lebenslicht, du, mein Regenbogenlicht,
steigst auf aus meinen Tränen,
den Bund bezeichnend zwischen dir und mir
in allen Unwettern und Nebeln meines Lebens.

Seelenlandschaft

Zu Beginn meines Lebens glich meine Seele einer unberührten Landschaft,
einer Landschaft, über der ein leiser Hauch von Ewigkeit wehte,
sanfter Duft eines Frühjahrgartens......

Zu Beginn meines Lebens war meine Seele wie unendlicher Garten
voll wunderbarer Samen und Knospen
ohne Zaun und Tor offen daliegend.......

Und zu Beginn meines Lebens,
da gab es dieses Wort,
das zu mir sprach:

„Entfalte die Schönheit deiner Seele,
mach sie vollkommen,
lade deine Mitmenschen ein
zum Durchwandern deiner Seelenlandschaft!
So werden deine Samen und Knospen zu blühen beginnen."

Und dem Wort vertrauend lächelte ich die Menschen an.....

Manche gingen achtlos an mir vorbei,
andere stutzten einen Augenblick lang,
einzelne aber erwiderten meinen Blick –

und die Welt schien still zu stehen........

und ich spürte, wie meine Seele zu blühen begann....

zarte Freundschaftsbande entspannen sich,
silbern glänzender Seidenfaden,
wunderschön und so verletzlich....

......mit liebenden Augen sahen wir,
was kein anderer in uns gesehen hatte,
was nur in Liebe sichtbar ist, -

aufblühende Landschaft.................

Meer von duftenden Blumen und Früchten
gereift unter dem warmen Blick des liebenden Freundes,

offen dargeboten......

Seelenspeise,
himmlisches Manna,
benetzt von Engelstau –

schamlos seliges Sein im Teilen
unbegreifliches Wechselspiel
Geben und Nehmen
und Nehmen und Geben......
Kommunio –
wahrhaftige Liebe..........

Liebe berührte Seelenlandschaft mit zarter Hand,
Liebe wob Gemeinschaftsband,
Liebe netzte Samen und Knospen meines Seelengartens Eden.

Liebe macht vollkommen, reif.....

Und ich weiß um das Geheimnis ewigen Lebens:

Nur ein einziger Samen meiner Seele...
aufgegangen in solcher Liebe,
nur eine einzige Knospe meiner Seele...
erblüht in solcher Liebe,
hingegeben in seliger Kommunio,
so wird meine Seele gesund und unsterblich
in alle Ewigkeit........

Manchmal da hab ich einfach den Kanal gestrichen voll

Manchmal da hab ich einfach den Kanal gestrichen voll
von allem, was mich da angeht,
von allen, die mich da angehen.
Du solltest dieses, du solltest jenes.
Du machst dies falsch, du machst jenes falsch.
Da will ich einfach nichts mehr sehen,
hab den Kanal gestrichen voll.

Und in meiner Wut werde ich blind,
kann gar nichts mehr sehen,
kann mich nicht mehr freuen
an der Blume im Garten,
an der duftig zart auftauchenden Morgensonne,
am unbekümmerten Lachen eines Kindes,
am Gesang der Vögel,
am glutroten Abendsonnenball,
der mich doch mit göttlichem Liebesfeuer anstecken will,
damit ich mit ihm mein Leben zu tanzen beginne,
trotz aller Widrigkeiten,
trotz aller Wut in meinem Bauch gegen irgendwelche Ungerechtigkeiten.

Und da ist einer, der gibt keine Ruhe,
der streichelt mich mit seiner wärmenden Liebe,
der umarmt mich mit seinem freundlichen Lachen,
der taut mich auf mit seinem Feuer,
der arbeitet sich durch meinen in Wut verstopften Kanal durch,
beharrlich, unverzagt, sein Versprechen haltend,
räumt er meinen Müll aus Wut und Verzweiflung fort,
pustet mir sanft die letzten Staubreste meiner Starrheit aus dem Gesicht,
leiser zarter Windhauch,
spült mir meine vom Weinen trüben Augen frei,
befreit mich,
erlöst mich von all meinen Ängsten.
Und ich sehe ihn erstaunt und fasziniert zugleich an,
kann meinen Blick nicht mehr von ihm wenden,
bis er mich wieder gestärkt fortschickt,
damit ich von ihm erzähle.

Steinigung mit Rosenblättern

Lange Zeit lebten wir unter dem Gesetz.
Und dieses Gesetz schrieb vor, dass der Sünder zu strafen sei.

Und dann kam einer und predigte von roten Rosen.
„Du sollst Gott lieben, deinen Nächsten, deinen Feind und dich selbst!"
und er begann damit und lebte es uns allen vor,
verschenkte überall seine roten Rosen.

Doch die Hüter des Gesetzes warfen ihm vor,
dass er das Gesetz nicht halte,
er solle gehorsam gegen Gott sein.

Da blickte er sie lange an, ehe er sprach:
„Denkt nicht, ich sei gekommen,
das Gesetz und die Propheten aufzuheben.
Ich bin nicht gekommen, um aufzuheben, sondern um zu erfüllen."

Und er begann, das Gesetz und die Propheten zu erfüllen.
Er strafte die Sünder, indem er sie steinigte,
steinigte mit roten betörend duftenden Rosenblättern.

Und den Sündern schwanden die Sinne im Duft der Rosenblätter
Und sie begannen zu bereuen und weinten,
sanken in die Knie und weinten,
weinten über ihre Erlösung.

Und er, der da predigte von roten Rosen,
er, der da verschenkte rote Rosen,
er, der da steinigte mit roten betörend duftenden Rosenblättern,
er nahm die Sünder in den Arm,
tröstete sie und sprach:
Geht nun und sündiget nicht mehr!"

Und noch betört vom Duft der Rosenblätter taumelten die Sünder davon,
konnten in Erinnerung an die geschenkten roten Rosen nicht mehr
sündigen und begannen zu schenken,
wie ihnen geschenkt worden war.

Liebeslied Gottes

Du, mein geliebtes Israel,
du, mein Kind,
all meine Liebe habe ich dir verheißen,
ein Land, in dem Milch und Honig fließt,
ein Land von vollkommener Schönheit,
ein Land der Liebe.

Doch du wolltest zurück nach Ägypten,
zurück in Gesetz und Ordnung,
zurück an den Ort,
an dem dir klar war,
was ist und was kommen wird.

Du, mein geliebtes Israel,
du, mein Kind,
all meine Liebe habe ich dir verheißen,
ein Land, in dem Milch und Honig fließt,
ein Land von vollkommener Schönheit,
ein Land der Liebe.

Doch du schlugst meine ausgestreckte Hand zurück,
mein verheißenes Land der Liebe schien dir zu unglaublich.
Du wolltest Sicherheit anstelle von göttlicher Freiheit.

Du, mein geliebtes Israel,
du, mein Kind,
all meine Liebe habe ich dir verheißen,
ein Land, in dem Milch und Honig fließt,
ein Land vollkommener Schönheit,
ein Land der Liebe.

Doch du wiesest mich zurück,
der ich gekommen bin als Mensch zu Menschen,
du wiesest mich zurück,
der ich mich aus den Himmeln begeben hatte,
um dir wie verheißen mein Land zu bringen,
ein Land, in dem Milch und Honig fließt,
ein Land von vollkommener Schönheit,
ein Land der Liebe.

Du, mein geliebtes Israel,
warum stößt du mich zurück in die Himmel?
Warum bestehst du auf die trennende Kluft zwischen dir und mir,
wo ich doch zu dir herabgekommen bin aus Liebe,
herabgekommen mitten unter euch,
zu dir, du mein geliebtes Israel?
Ich bin bei dir alle Tage bis ans Ende der Welt.

Du, mein geliebtes Israel,
werde mein wahrhaftiges Israel,
nimm meine Verheißung an,
mein Liebesgeschenk an dich,
ein Land, in dem Milch und Honig fließt,
ein Land vollkommener Schönheit,
ein Land der Liebe.

Du, mein geliebtes Israel,
sei Israel, so wie ich es dir zugedacht habe,
ein Israel aufgrund meiner Liebe,
ein Israel in göttlicher Freiheit,
ein Israel in Einheit und Gemeinschaft mit mir,
ein erlöstes Israel,
erlöst vom Kreuz der Sklaverei durch das Kreuz aus Liebe.

Du, mein geliebtes Israel,
stell dich in mein Land der Verheißung,
ein Land, in dem Milch und Honig fließt,
ein Land vollkommener Schönheit,
ein Land der Liebe.

Du, mein geliebtes Israel,
nimm mein Geschenk an,
lass' dich bedingungslos, grenzenlos lieben,
ohne trennendes Wenn und Aber,
in engster Verbundenheit,
komm, du mein geliebtes Israel,
spring über die von deinen ängstlichen Gedanken geschaffene Kluft,
die nur in deiner Einbildung ist,
lass' dich in meine ausgebreiteten Arme,
in mein Land der Verheißung,
in mein Land, wo Milch und Honig fließt,
in mein Land vollkommener Schönheit,
in mein Land der Liebe fallen!

Antwort Israels

Du, mein Gott!
O du mein mich Liebender!
Verzeih meine Torheit!
Blind lief ich umher,
blind und verstockt,
meine Augen auf das Gesetz geheftet.

Du, mein Gott!
O du mein mich Liebender!
Verzeih meine Torheit!

O du, mein Gott!
Immer will ich dir danken,
der du meinen starren Blick zu dir hin gewendet hast,
liebkosend meine starren Augenlider gestreichelt hast,
mich blindes Israel aus Liebe wieder sehend gemacht hast.

O du, mein Gott!
Dankend will ich auf meine Knie niedersinken,
zu deinen Füßen liegen,
die durch all meinen Schmutz zu mir gekommen sind,
dankend will ich sie mit meinen Tränen der Freude waschen
und sie mit meinen Haaren trocknen.

O du mein Gott!
Ich liebe dich!

Hunger

Große Hungersnot in meinem Land,
nach Brot und Wasser sehne ich mich,
sättigendes Lebensbrot,
erfrischendes lebendiges Wasser.

Große Hungersnot in meinem Land,
in meinen Gedanken.
Ich suche nach geistlicher Nahrung,
suche und habe doch Angst vor dem,
was mein Ich übersteigt.

Große Hungersnot in meinem Land,
in meinem Herzen und meiner Seele.
Ich suche nach gesund machender geistlicher Nahrung,
nach dem Schlüssel, der mein Herz weit und offen macht,
suche und habe doch Angst,
dass sich mein Herz grenzenlos weiten könnte,
dass meine Seele ihre Flügel ausbreiten und es wagen könnte zu fliegen,
dem einen, alles überschreitenden, Leben spendenden Geist entgegen.

Ich habe Angst,
Angst vor dem neuen Land,
das mir so unglaublich viel verheißt,
sprudelndes Wasser der Erfüllung,
lebendiges Brot des Lebens!
Ich habe Angst,
obwohl es mich dort hinzieht.

Bleibe ich in Ägypten, das mich zwar unfrei hält,
mir aber doch einen gewohnheitsmäßigen Lebensrahmen bietet?
In Ägypten weiß ich, welcher Pharao und wie er herrscht.
Er herrscht starr und geordnet,
Ich weiß, was gestern war,
sehe, was heute ist,
und kenne bereits heute das Morgen, das schon gestern war.

Mein Herzenskönig aber ist der, als der er sich erweisen wird,
unberechenbar, weich und offen,
mit einer meine Ordnung übersteigenden Weltenordnung.

Große Hungersnot in meinem Land,
Gedanken in Todesstarre, Herz in Eis,
nur meine Seele, sie lebt noch und zittert vor Kälte und Trauer.
Ich sehne mich nach geistlicher Nahrung.

Raben haben Nahrung,
Raben, schwarz, düster, beängstigend,
meinen letzten Sinn umnachtend,
Raben haben Nahrung,
doch Raben sind schwarz und unrein.

Führst du mich in Versuchung?
Führe mich nicht in Versuchung!
Führst du mich in der Versuchung?
Führe mich,
ich will deinem heiligen Geist vertrauen, der mein heiliger Geist ist,
du hast mich behaucht, mir Leben eingehaucht mit deinem Lebensatem,
führe mich.

Wandelst du nicht selbst Rabenbrot zu Lebensbrot?
Wandelst du nicht selbst schales Wasser zu Lebenssaft?

Hungernd und dürstend höre ich Raben krächzen in meinem Ägypten,
hungernd und dürstend nach deinem gelobten Land,
in dem alles gewandelt, eingetaucht, durchflutet ist von göttlicher Liebe.
Ich weiß, du machst krumme Wege gerade,
ich ahne....ich muss vor nichts und niemandem Angst haben,
nichts muss mich ängstigen,
denn du hast einen göttlichen Plan mit mir.
und ich ahne....
du machst Raben, schwarz wie Todesnacht,
zu Friedenstauben mit deinem Geist.

Heimat finden

Heimat will ich finden,
ein Gefühl von Geborgenheit,
Angenommensein,
Aufgehobensein.....

Kaum merklich spüre ich dieses Gefühl,
nur ganz zart,
aber mich anrührend.....

Und tiefe Sehnsucht erfüllt mich.
Wie ein Märchen aus längst vergangenen, wunderbaren Tagen......
Deutlich spürbar und doch nicht fassbar,
sich verflüchtigend im Erwachen aus meinem Traum vom Paradies,
nur noch hauchdünne Erinnerung daran,
vorbeiziehend wie federleichte Nebelschwaden,
glitzernd von aufsteigender Morgensonne,
kristallklares Wasserblau im Hintergrund ahnend,
mache ich mich auf, durchstreife all meine Gedanken,
lasse mich auf die Tiefen meiner Seele ein,
denke weder dich noch mich........
werde stille, lasse geschehen, was von selbst geschieht...........

atmest du.........deinen Atem..........aus........atme ich...........

deinen Atem...........ein........atme ich...........deinen Atem...........

aus.......atmest du.........meinen Atem......ein.......atmest du........

meinen Atem...... aus.......atme ich..........deinen Atem......

ein......aus......ein......aus......ein....................................

dein Einatmen ist mein Ausatmen dein Ausatmen mein Einatmen...........

dein mein dein mein dein ein ein ein ein

EIN EINZIGER ATEM IST......................

Auferweckung

Den Winter in der Seele meines Nächsten sehen,
vereiste Fenster mit liebendem Atem anhauchen,
ihm vorsichtig von der glühenden Liebe Gottes erzählen,
behutsam ihn liebkosend,
damit er, auftauend, nicht in seinen Tränen ertrinkt.

Ihn auf seinem schmerzlichen Weg begleiten mit sicherem Schritt,
vertrauend, dass wir gemeinsam von Gott geleitet werden,
sein von Frost klammes Herz streicheln
mit sanften Worten, geschenkt von Gottes Liebe,
die wunden Risse salben mit christlichem Geist,
geduldig um Heilung bitten,
vertrauend, dass Gott seine heilende Kraft schenkt.

Gemeinsam mit meinem Nächsten Tränen weinen,
die erlösen aus Winterstarre,
Tränen der Erlösung.

Sich gemeinsam am ersten Schneeglöckchen,
durchbrechend verschneite Seelenwiese, freuen,
lächelnd der Schneeschmelze zusehen,
schimmerndes Seelenhoffnungsgrün erahnend.

Gott danken,
der zu neuem blühendem Leben erweckt,
erste Krokusblüten und Tulpen,
baden im Duft von zukünftigen Osterglocken,
singen:
„Halleluja! Christus lebt!"

Brennen wie eine Kerze

Gott, auf dich will ich hören,
mit dir gehen,
in dir sein.

Gott,.....in dir will ich sein,
so sehr in dir sein,
dass ich mich nicht wieder kenne,
dass sie mich nicht wieder erkennen,
dass ein jeder fragt:
Was ist dir geschehen?

Und dann lass' mich zu singen beginnen
von dem, was du an mir getan und tust,
singen von deiner Herrlichkeit:

Du tust mir so gut!
Du liebst mich bedingungslos.
Du veränderst mich durch deine Liebe,
machst mich weich wie Wachs,
lässt mich in deinen sanften Händen zerfließen,
formst mich so, wie du mich gebrauchen kannst.

Du durchziehst mich mit deiner Frohbotschaft wie der Docht die Kerze.
Du machst mich zu deiner Kerze,
zündest mich an mit deinem feurigen Geist,
mit deinem alles verzehrenden Geist,
mit deiner feurigen, reinen, sich hingebenden Liebe.

Für dich bin ich entflammt.
Für dich leuchte ich.
Für dich brenne ich........
Wissend, dass ich verbrennen werde,
nicht mehr Ich sein werde.
Wissend, dass ich mich dadurch auflöse in deinem Licht.
Wissend, dass dein lebendiges ewiges Licht zu werden mein Lebenssinn ist.

Gott, du tust mir so gut!

<u>Begegnung mit dir</u>

Ich kenne dich nicht und du mich nicht.
Wir kennen uns nicht.
Jetzt stehst du mir gegenüber.
Wir sind uns fremd.

Sind wir jetzt Gegner?

Ich begegne dir und du mir.
Wir begegnen uns.
Aber wir verstehen uns nicht.

Sind wir jetzt Gegner???

Ich stelle mir dich vor,
mache mir ein Bild von dir.
Ein Bild mit festem Rahmen?

Stellst du dir mich auch vor?
Machst du dir auch ein Bild von mir?
Ein Bild mit festem Rahmen?
Ja?
Ja.

Und schon stehen unsere Vorstellungen voneinander zwischen uns.
Die Grenzen sind abgesteckt.
Wir halten Distanz.
Ein Miteinander ist kaum mehr möglich,
wir stehen mitten in einer gegnerischen Auseinandersetzung.

Wie können wir zueinander finden?
Wie können wir beiseite schieben,
was wir zwischen uns geschoben haben,
was sich zwischen uns gestellt hat,

- vielleicht ohne unser bewusstes Zutun?

Wie können wir überwinden,
was sich als Barriere zwischen dich und mich gestellt hat?

Ich entgegne dir,
dass ich mich missverstanden fühle,
und du mir,
dass du dich missverstanden fühlst.
Wir ent-gegnen uns gegen-seitig unsere Vorstellungen voneinander,
wir ent-gegnen sie uns,

ENT-gegnen,

wir befreien uns!

Ich stelle mich dir vor.
Stellst du dich mir auch vor?

Komm zu mir,
wir wollen gemeinsam ein Fest der Begegnung feiern,
uns gegenseitig kennenlernen.
Du stellst dich mir vor
und ich stelle mich dir vor,
wir kommen Schritt für Schritt aufeinander zu,
kommen uns ganz nahe,
legen unser Innerstes bloß,
angstfrei von Mensch zu Mensch,
stellen uns einander vor,
jeder sich dem anderen
in einem nicht endenden Reigen,
teilen uns einander mit,
immer wieder neu.

Vertrauend auf den Schutz einer alles schöpfenden, geheimnisvollen Kraft,
entdecken wir im Gegenüber uns selbst und Gott.

Und aus Begegnung
wird über Entgegnung
verstehendes, verständnisvolles Miteinander.

<u>Licht</u>

Einst hell und klar strahlendes Licht der Sonne taucht ab,
blutrot gefärbt,
-von lieblosen nichtigen Streitereien in kalter geschäftiger Welt?-
nimmt uns mit,
in den schwarzen Wald der Nacht.

Gott, hilf,
dass wir uns nicht verirren
in dieser dunklen Nacht,
dass wir nicht vor lauter Bäumen nur kalte Schwärze ,
sondern auch den hoffnungsgrünen Wald sehen,
lass uns einander wie Geschwister
liebend an die Hand nehmen.
Du bist doch da?
Du das helle, klärende Sonnenlicht der Liebe.

Schlaf drückt uns sanft unsere irrenden Augen zu...
„Psssst, es wird alles gut.‘
Träumend in hellen Lichtarmen sehe ich...
klarweiß leuchtendes Sonnenlicht aufsteigen aus hoffnungsgrünem Wald.

Lächelnd singe ich,
halb noch schlafend in seinen Armen,
halb erwachend
„ Bitte, mein Bruder,
bitte meine Schwester,
verzeih!
Reich‘ mir deine Hand,
lass‘ uns in Gottes sonniger Liebe
einander führen aus unserer Kälte,
in der uns schwarze Bäume,
drohenden Riesen gleich,
den Weg in seinen Tag versperren.‘

Ein Lächeln

Ein Lächeln,
einem Menschen geschenkt,
lässt Eisblumen im Herzen tauen.

Ein Lächeln,
einem Menschen geschenkt,
lässt Eisblumentauwasser warm werden.

Ein Lächeln,
einem Menschen geschenkt,
macht gefrorenen Herzensgrund wieder weich und warm.

Ein Lächeln,
einem Menschen geschenkt,
sät neue Hoffnung auf dunkelweichem Herzensgrund.

Ein Lächeln,
einem Menschen geschenkt,
lässt wunderschöne Herzensblüten blühen.

Ein Lächeln,
einem Menschen geschenkt,
schenkt Wärme und echtes Leben.

Ein Lächeln,
einem Menschen geschenkt,
himmlische Herzensblumen hervorbringend,
die Menschengesichter erstrahlen lassen,
formt Menschengesicht in Gottes Angesicht um.

Ein Lächeln,
einem Menschen geschenkt,
ist der Anfang auf dem Weg zum Paradies.

Brennender Dornbusch

Brennender Dornbusch, der du Moses berufen hast,
brennender Dornbusch, der du mitten in der Wüste branntest,
brennender Dornbusch, der du mit Moses gesprochen hast,
du bist wieder da.

Moses floh in seiner Angst,
vor sich und dir,
vor der Selbsterkenntnis.

Aber du, du bist immer da

Du bist da,
als der Ich-Bin,
als ein weiches Lachen,
als eine zarte Berührung,
als ein sanfter Hauch, der durch mein Haar und meine Gedanken weht
Du bist da,
immer wieder neu und doch so vertraut,
als sanfter süßer Schmerz, der mir wohltut,
als ein Schmerz, der mich zu deiner Frau macht
Du bist da,
als der, der mich nie verlässt, auch wenn ich mich verlassen fühle
Du bist da,
als der, der mich reifen und wachsen lässt,
als der, der mich führt und doch nie drängt
als der, der mich leitet und doch frei sein lässt.

Du bist da und du brennst in mir,
du brennender Dornbusch,
der du brennst und nicht verbrennst.
Du bist da,
in mir bist du,
du brennender Dornbusch,
und du verbrennst nicht dich und nicht mich.
Du bist da,
in mir bist du,
du brennender Dornbusch,
und führst mich wie Moses aus meinen Schatten.

Du bist in mir
und dein Brennen wird zu meinem Brennen
immer mehr...

Du bist in mir,
du brennender Dornbusch
und leuchtest
und ich spiegele dein Leuchten mehr und mehr

Du brennender Dornbusch....
Dein Leuchten wird mein Leuchten
Und mein Leuchten wird dein Leuchten

Du.... brennender Dornbusch......
dein Leuchten.........
wird mein Leuchten..........
wird unser Leuchten.........
wird ein Leuchten..........
brennender Dornbusch,
ein brennender Dornbusch..........

Hoffnung in Gebrochenheit

Sanft streichelt meine Seele heiliger Geist,
stärkt mich in liebevoller Umarmung,
enthebt mich all meiner Hoffnungslosigkeit und Trauer,
lässt mich einen Wimpernschlag lang seine Macht spüren,
hebt mich dann vorsichtig aus meiner Entrückung,
lässt mich wieder meine Hoffnungswurzeln im irdischen Leben finden.

Fortan sehe ich gebrochenes Licht nicht mehr in Angst,
sehe gebrochenes Licht als Hoffnungslicht,
rot orange gelb grün blau violett
Bogen, gespannt von göttlicher Hand,
weit über den Himmel,
die Erde berührend,
den Himmel erdend.

Regenbogen,
Hoffnung auf Aufhebung aller menschlichen Gebrochenheiten
göttlich verheißungsvolles Bundeszeichen,
spendend Kraft zum Aushalten menschlicher Gebrochenheiten,
meiner eigenen und der meiner Mitmenschen.

Regenbogen,
Hoffnung auf Aufhebung aller menschlichen Gebrochenheiten,
Unvollkommenheiten, Unzulänglichkeiten,
Hoffnung auch den lichten Augenblick,
in dem der Allwissende kommt,
der das einende Licht der Welt ist,
in dem er kommt,
alles rote, orangene, gelbe, grüne, blaue, violette gebrochene Licht bündelt
kraft seines einenden, Frieden stiftenden Geistes.

Regenbogen,
Hoffnung auf den lichten Augenblick,
in dem der Allwissende kommt,
all die bunten Spiegelungen und Brechungen rückführt
in die Wahrheit seines klar - weißen Lichts,
die alle vermeintliche Wahrheit aufhebt und alle Halbwahrheit bündelt
zur großen gemeinsamen Lichtfeier in seiner Herrlichkeit.

Hollywood-Schaukel

Abends auf der Hollywood-Schaukel, -.......
wiegt sie mich hin und her
und hin und her und hin....her....
hin....her...hin...........
schaue ich über des Meeres friedliche blau schimmernde Weite –
wiegt Meer Wellen hin und her
und hin und her und hin....her....
hin....her...hin...........
streicht leiser Windhauch zärtlich über mein Gesicht,
schließt unsichtbarer Finger meine Augen,
trägt sichere Hand mich behutsam hin und her
und hin und her und hin....her....
hin....her...hin...........
in die Tiefe meiner Seele.........

Wärme durchflutet mich in wohligen Wellen
hin....her
Wärme.... rings um mich in zarter Schwingung
hin....her.....hin......
erfüllt.....umgeben.....von vollkommenem Wohlgefühl....
rund und weich liege ich...
bin weich und rund
angeschmiegt an ewiges Wiegen
hin.....her....hin.....
vertrauensvoll hingegeben dem sanften Wiegen des allmächtigen Du
hin und her und hin und her
und hin....her....hin.....
weiß mich getragen von starken zärtlichen Armen
mir Kraft gebend am Abend eines jeden Tages mich ruhig hin und her
wiegend hin und her
und hin und her.......
hin.....her.....hin....
spüre weiche Hände emporheben alle trennenden Schleier.......
klares weißes Licht.....mein Gesicht liebkosend.........
göttliche Geborgenheit wiegst Du mich in Deinen starken Armen
unendlichen Seins hin und her
und hin und her....hin....
ich unabänderlich mit Dir verbunden wie Welle und Meer.........

Gottes Liebe

So viel haben wir falsch gemacht,
dich gereizt, deinen Zorn geweckt,
der dich uns Vernichtung androhen lässt,
weil du Mensch bist.

So viel haben wir falsch gemacht,
wider besseres Wissen,
so oft gefehlt,
obwohl du uns doch sagst,
was unser Sein sein soll:
Liebe.
So viel haben wir falsch gemacht,
deinen Zorn hervorgerufen,
der dich uns Vernichtung androhen lässt,
weil du Mensch bist.

So viel haben wir falsch gemacht.
Wenn du nur Mensch wärest,
müsste es längst um uns geschehen ein,
längst müssten wir zur Hölle gefahren sein.

Ich könnte verstehen,
wenn du uns satt hättest,
könnte verstehen,
wenn du uns die Hölle heiß machen würdest,
könnte verstehen,
wenn du uns zur Hölle schicken wolltest,
uns, die wir so begriffstutzig sind,
wieder und wieder gegen dein Liebesgebot verstoßen.
Es wäre nicht einmal ungerecht,
wenn du uns allesamt zur Hölle schicken würdest,
wenn wir dort in endloser Qual schmoren müssten.

Denn nicht ein einziger von uns ist ohne Sünde,
nicht ein einziger von uns hat sein Ziel nicht verfehlt.

Aber du, du bist nicht nur Mensch,
du verfehlst dein Ziel nicht, das auch unseres ist.
Du bist Mensch und Gott zugleich.
Der Mensch verstößt gegen das göttliche Liebesgebot,
der Mensch verstößt gegen das Gebot bedingungsloser Liebe.
Aber nicht du, du nicht,
der du Mensch und Gott zugleich bist,
der du uns deine Liebe zugesagt hast.

Du zürnst uns, wenn wir sündigen,
aber du gibst die Hoffnung für uns alle nie auf.
Du zürnst uns, wenn wir sündigen,
aber du machst uns deswegen nicht die Hölle heiß!

Nein, es ist so wunderbar!
Anstatt uns die Hölle heiß zu machen,
lehrst du uns jeden Tag in tausenden von kleinen Zeichen,
was Liebe ist.
Anstatt uns die Hölle heiß zu machen,
schickst du uns jeden Tag tausende von kleinen Zeichen,
die unser vor Lieblosigkeit frierendes Herz wärmen.
Du machst uns nicht die Hölle heiß.
Denn du kennst nur ein Gebot,
ein Gebot, an dem alles andere hängt.
Du kennst und lebst das Gebot bedingungsloser Liebe.
Anstatt uns die Hölle heiß zu machen
und uns in einem furiosen Höllenakt mit Stumpf und Stiel zu vernichten,
taust du behutsam unseren Hass fort,
schmilzt du mit deinem Liebesfeuer unser Herzenseis,
wärmst du unsere vor Kälte zitternden Herzen,
nimmst alles Nutzlose, alles gegen dein Gebot Verstoßende von uns fort,
zündest unsere Herzen an,
lässt dein Feuer groß und größer werden,
machst unsere Herzen heiß,
so heiß von deiner Liebe,
dass all unser Ego verbrennt,
bis wir nur noch dein sein wollen.

Deine kleine Liebesgeige

Wann endlich, wann hören wir auf?
Wann hören wir auf zu reden von dir?
Wann hören wir auf, dich zu beschallen
mit unseren hohlen Phrasen in kahle lieblose Räume hinein?
Wann hören wir auf, uns an der Wirkung unserer abgedroschenen
Theologien zu ergötzen, götzen,
götzen...
götzen...
Götzen...
Götzen....

GÖTZEN!!!!

WANN ENDLICH HÖREN WIR AUF DICH??????

Wann endlich, wann höre ich auf dich?
Wann höre ich auf Ich zu sein?
Wann endlich werde ich das Instrument,
das ganz auf dich eingestimmt ist?
Wann endlich lasse ich dich,
abwartend, warm leuchtend,
in meinen leeren, auf deine Harmonien gestimmten Klangkörper ein?
Wann endlich lasse ich mich ergeben an dein Spiel von dir berühren?
Wann endlich gebe ich dein Wort vollkommen wieder?
Wann werde ich ganz dein Resonanzkörper sein,
an dich hingegeben,
deine kleine ergebene Geige,
die unter deinen Händen zu zittern beginnt, in Schwingung gerät,
deine kleine Liebesgeige,
der du deine Töne entlockst,
deine kleine Liebesgeige,
die deine Liebeslieder in Moll und in Dur singt?
Wann werde ich ganz deine kleine Liebesgeige sein,
die allein durch dich zu singen beginnt,
in sich aufnimmt, was du ihr gegeben,
deine Worte in ihrem Körper schwingen lässt,
sich von dir aus totem Holz in singende Geige verwandeln lässt,
deine Worte klar und deutlich wiedergibt
in deiner anrührenden göttlichen Liebesweise?

Du, mein Himmelsmusikant,
bespiele mich,
nimm mich ganz und gar,
streichle meine Saiten mit deinem Haar,
bis mein ganzer Körper erzittert,
lass deinen göttlichen Atem in mir tanzen,
bis ich mich ganz willig von dir führen lasse,
lehre mich dein Lied von Tod und Auferstehung,
von vollkommener Liebe.

Du, mein Himmelsmusikant,
lass mich alle lieblosen Hohlräume von eitler Ergötzung befreien,
jubilierend alles anrührend deine kleine Liebesgeige sein,
mit deiner unfassbaren Liebesmelodie begeistern
Amen.

Auferstehung von den Toten

Wenn du nicht mehr Du bist
und ich nicht mehr Ich bin,
wenn Frau nicht mehr Frau
und Mann nicht mehr Mann ist,
wenn es kein Paar mehr gibt,
wenn Menschen nicht mehr Menschen sind,
sondern Engel, Heilige Gottes,
wenn alle in allen in vollkommener Erfüllung und Harmonie leben,
alle nichts besitzend vollkomme Liebe gebend,
alle vereint sitzend beim Hochzeitsmahl,
ein einziger Leib seiend,
in Verschmelzung als eine Braut mit unserem Bräutigam Gott,
dann feiern wir den Jüngsten Tag Auferstehung aller von den Toten.

Gepäck

Für meinen Weg zu dir, du mein Ein und Alles,
für meinen Weg ins Paradies habe ich mich gut vorbereitet.
Für meinen Weg zu dir habe ich alles Erdenkliche mitgenommen,
für meine Reise zu dir ins Paradies,
habe ich mich auf alle Unwägbarkeiten vorbereitet.
Und je länger ich meinen Weg zu dir plante,
um so schwerer wurde mein Gepäck,
so schwer, dass ich kaum mehr aufrecht gehen konnte,
sich mein Rücken krümmte unter all der Last.

Für meinen Weg zu dir, du mein Ein und Alles,
für meinen Weg ins Paradies habe ich mich gut vorbereitet,
vorbereitet nach menschlichem Ermessen.

Auf meinem Weg zu dir, du mein Ein und Alles,
auf meinem Weg zu dir ins Paradies
wurde mein Gepäck bereits nach den ersten Schritten zu schwer.
Doch ich wagte nicht, mich meiner Last zu entledigen.
Auf meinem Weg zu dir, du mein Ein und Alles,
brach ich unter der Last meines Gepäcks voll selbst erdachter
Notwendigkeiten zusammen,
mich unsagbar sehnend nach dem Paradies,

Auf meinem Weg zu dir, du mein Ein und Alles,
auf meinem Weg ins Paradies begegnete ich einem Menschen,
einem wahrhaftigen Menschen, der zugleich Gott war.
Auf meinem Weg zu dir, du mein Ein und Alles,
begegnete ich meinem Bruder Jesus Christus.
Jesus Christus kreuzte meinen Weg und sprach:
„Ich bin gekommen, dich zu befreien von deinem schweren Gepäck,
dich zu befreien von deiner Last, die du trägst.
Lass dir dein Gepäck abnehmen, du brauchst es nicht.
Ich verschaffe dir Erleichterung für deine beschwerte Seele.
Ich gebe dir Gepäck, das leicht zu tragen ist,
Gepäck, das dich nicht niederdrückt.
Mein Gepäck ist die Liebe Gottes.“
Vertrauend ließ ich mir mein Gepäck abnehmen,
nahm dankbar sein Gepäck an,
ging fortan mit meinem Bruder als Wegbegleiter.

Auf meinem Weg zu dir, du mein Ein und Alles,
begann ich zu glühen durch deine alles durchdringende Liebe.
Auf meinem Weg zu dir, du mein Ein und Alles,
lege ich Schritt für Schritt allen Ballast ab,
lasse mich mehr und mehr von deinem Seelengepäck der Liebe leiten.
Auf meinen Weg zu dir, du mein Ein und Alles,
stelle ich mich langsam bloß und schäme mich doch nicht.
Auf meinem Weg zu dir, du mein Ein und Alles,
werde ich in Leib und Seele von deiner Liebe durchdrungen.
Auf meinem Weg zu dir, du mein Ein und Alles,
komme ich befreit, schamlos und nackt voran,
komme ich voran, wenn ich mir geschenktes Liebesgepäck weiterschenke.
Auf meinem Weg zu dir, du mein Ein und Alles,
entwickelt sich paradiesisch bedingungslose Gemeinschaft,
liebendes Geben und Nehmen und Nehmen und Geben,
nackt, bloß, ohne Scham,.....
liebendes Geben und Nehmen und Nehmen und Geben,
nie mehr endendes Geben und Nehmen und Nehmen und Geben.........
in zärtlicher Berührung hin zur ewig freudigen Verschmelzung allen Seins
in unserem einzigen Lebensgrund.

<u>Wo zwei oder drei</u>

Du, mein mich liebender Gott,
den auch ich immer zu lieben geschworen habe.
Ich weiß ganz genau, dass du mich liebst,
trage ich doch das Zeichen deines Bundes mit mir in meinem Herzen.
Aber manchmal fühle ich mich doch gottverlassen und zweifle an dir.

Und das schmerzt so sehr,
weil ich dich liebe und mich nach deiner Liebe sehne,
schmerzt so sehr,
weil ich deine Liebe mit all meinen Sinnen spüren möchte,
nicht nur mit meinem Verstand.
Ich weiß ganz genau, dass du mich liebst,
aber manchmal bin ich nur noch ein Schatten meiner selbst.

Wenn ich ganz klar im Kopf bin,
wenn er nicht benebelt ist von sehnsüchtigem Schmerz,
dann weiß ich auch, was zu tun ist,
dann kann ich klar und bestimmt handeln,
egal, was da kommen mag.

Und das sind die Momente, in denen ich dich mit all meinen Sinnen liebe,
mit Leib und Seele, mit Herz und Verstand.

Und das sind die Momente, in denen ich wahrhaftig Ich bin,
nicht nur ein Schatten meiner selbst.

Und das sind die Momente, in denen ich eins mit Gott und mir selbst bin,
die Momente, in denen ein göttlicher Funken überspringt,
von Gott zu mir auf andere und umgekehrt.

Das sind die Momente der Erleuchtung mit deinem Licht der Welt,
in denen ich Ausstrahlung habe.
in denen es keinen Schatten gibt.

Das sind die Momente,
wo zwei oder drei beisammen sind im Namen Gottes,
wo Gott mitten unter uns ist.

Zwischen den Dingen

Zwischen den Dingen, die wir festgeklopft haben,
weht göttlicher Geist.

Zwischen unseren Vorstellungen, die wir absolut gesetzt haben,
weht göttlicher Geist.

Zwischen den festgeklopften Dingen,
an denen wir uns festhalten,
weht göttlicher Geist.

Zwischen den absolut gesetzten Vorstellungen,
an denen wir uns festhalten,
weht göttlicher Geist.

Zwischen all den knallharten, absolut gesetzten, dogmatischen Steintafeln,
an denen wir uns festhalten aus Angst, uns selbst zu verlieren,
erstarren wir, den Blick starr auf die steinernen Götzen gerichtet,
selbst zu Stein,
verlieren uns, aus Angst uns zu verlieren.

Zwischen all den steinernen Götzen weht ewiger göttlicher Geist,
liebkost meine verkrampften Glieder.
Zwischen all den steinernen Götzen weht ewiger göttlicher Geist,
ruft göttlicher Geist mir Stein erweichend zu:
" Schau mich an! Lass los!
Ich habe dich in die Freiheit gerufen!
Fall in meine ausgebreiteten Arme!"
Zwischen all den steinernen Götzen weht ewiger göttlicher Geist,
streicht über meine starr auf steinerne Götzen gerichteten Augen,
singt sein ewig lebendiges Lied seiner göttlichen Liebe,
singt, bis ich mich in seine Arme fallen lasse
und Tränen der Erlösung weine.

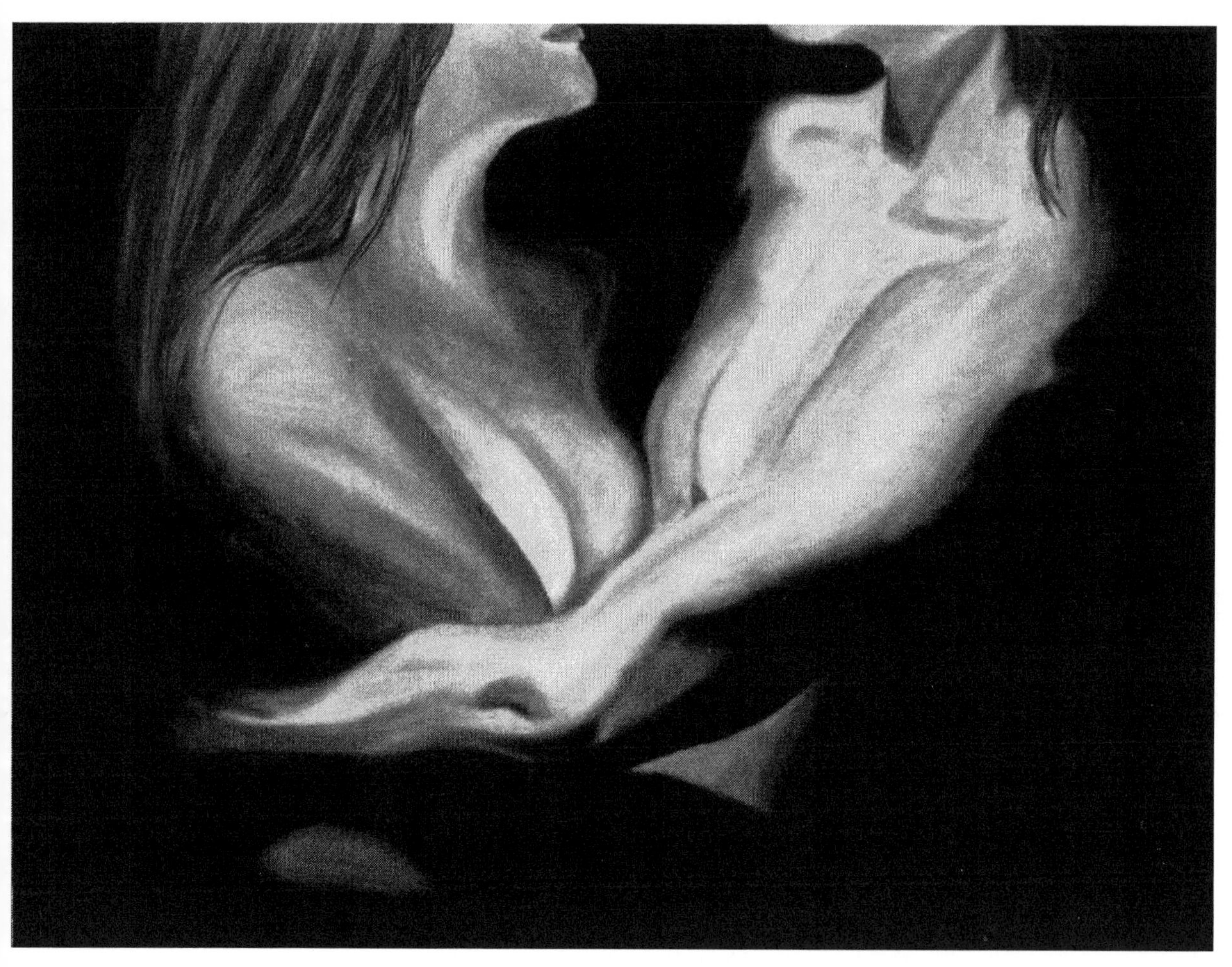

<u>Nachtgebet</u>

Manchmal verschlingen wir einander
in unserer Sehnsucht zu verschmelzen,
unstillbare Sehnsucht......
Warum unstillbar, wo ich mir doch nichts mehr wünsche,
als vollkommen eins zu sein
mit dir, mit mir, mit allem und allen auf der Welt?

Manchmal kenne ich dich nicht mehr und du mich nicht mehr.
Und doch waren wir uns nie zuvor näher,
haben uns nie mehr erkannt.

Manchmal...............
Und ich wünschte,
dieser winzige Moment der Erfüllung hielte für immer an,
obwohl ich ahne........
wenn dieser winzige Moment der Erfüllung die Ewigkeit würde,
wäre er nicht mehr unser zweisamer Augenblick,
in dem meine Augen in den deinigen verschwimmen,
in dem ich in deinen Augen die ganze Welt sehe
und darin ertrinken möchte in alle Ewigkeit,
um erlöst lieben zu können.

Gott, schenke mir die Geduld,
erwarten zu können den Augenblick, den du bestimmt hast zur
vollkommenen Liebe aller in allen.
Amen.

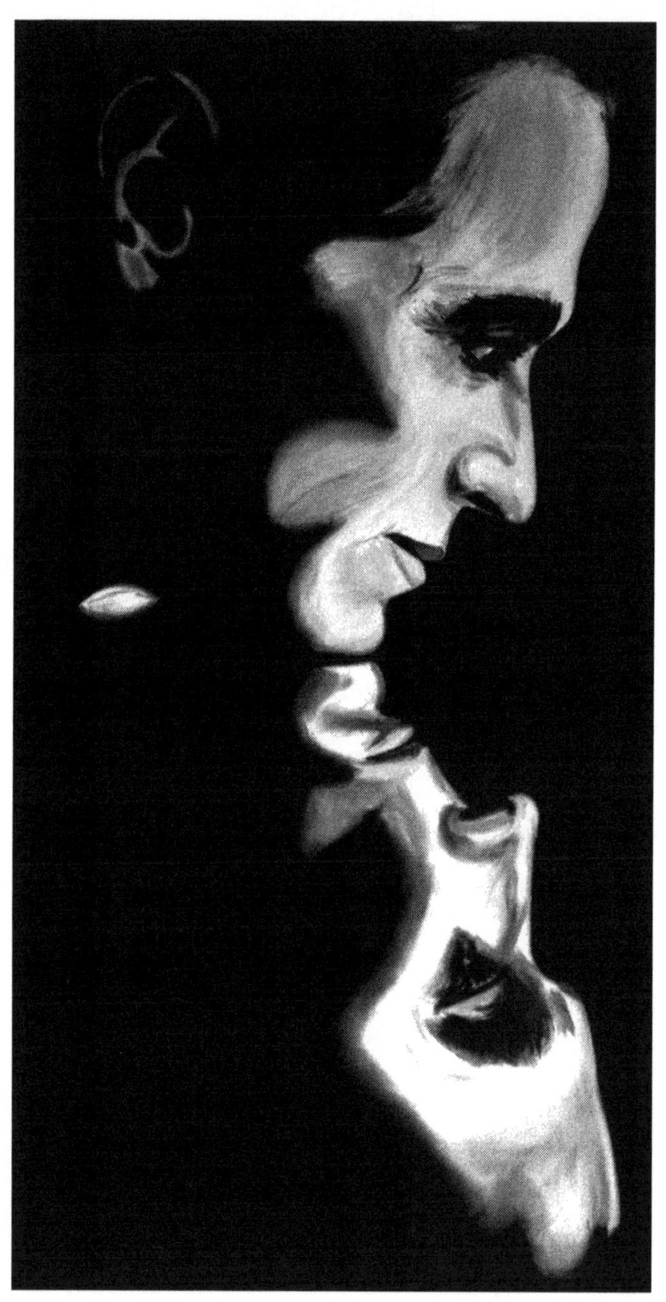

Ich bin.
Ja, ich bin.
Aber ich bin nicht die, die ihr meint, dass ich bin.
Gestern schien ich dem einen zornig zu sein.
der andere meinte, ich sei liebenswürdig,
der nächste hielt mich für provokant.
Auch heute erscheine ich meinen Mitmenschen höchst verschieden.
Manch einem erscheine ich vielleicht als ein Mensch ohne Standpunkt,
wankelmütig,
gestern so,
heute anders...
und wie werde ich morgen sein?
Das ist mein Schein. Doch ist es auch mein Sein?

Ja, ich bin.
Aber wer meint, mich erkannt zu haben, hat sich schon von mir entfernt.
Wer meint, mich einordnen zu können, tut meinem Sein Gewalt an.
Denn ich bin erst auf dem Weg zu meinem Sein,
ich bin nicht fertig,
ich bin im Werden.
Ich war gestern anders als ich heute bin und vielleicht morgen sein werde.
Aber eines bleibt gewiss:

ICH BIN.

Nur das Wie ist ungewiss.
So sage ich euch denn,
wartet ab, begegnet mir immer auf's Neue:
Ich bin, die ich bin....
in meinem Werdegang.......
und ich sage dir,
der du mehr über mich wissen willst,
wenn du erkennen willst,
wer ich wahrhaft bin,
dann bedenke:
"Du sollst dir kein Bild von mir machen!"

Schwer genug kann es schon sein, dichterische, verdichtete Sprache als Leser zu begreifen. Sprachbilder müssen in den eigenen Erfahrungshorizont übersetzt werden. Mir ist in meinen Texten aufgrund meiner Auseinandersetzung mit Theologie und Kirche immer wichtig gewesen, einerseits meinem eigenen christlichen Glaubenshintergrund treu zu bleiben, andererseits aber in einer Sprache zu schreiben, die nicht nur Christen verständlich ist. Engagiert im interreligiösen Dialog ergaben sich, vor allem eben auch im Internet, verschiedene Beziehungen auch zu Angehörigen anderer Religionen, so auch der Kontakt zu Susa Nientiedt, die die schwierige Aufgabe übernahm, einige Bilder zu diesem Buch sowie den Umschlag zu gestalten.

Titelverzeichnis der Bilder:

„Nixe" Seite 13
„Mädchen auf dem Tisch" Seite 19
„Akt" Seite 21
„Flötenspielerin" Seite 29
„Hybrid" Seite 42
„Kerze" Seite 50
„Vogel" Seite 65
„Nähe" Seite 68
„Ego" Seite 70

Der engagierten und sehr vielseitigen Künstlerin und Buddhistin ist es für mein Empfinden wunderbar geglückt, sich in meine Texte einzufühlen und sie in Bilder zu übersetzen. Über Susa kreativ können Sie sich im Internet unter http://www.kreativ-susa.de informieren.

Zur Lektüre weiterer Texte von mir lade ich Sie recht herzlich auf meine Webseite „Die Himmlischen Fundstücke" ein. Gerne können Sie mir auch Ihre Meinung mitteilen.

http://www.himmlischefundstuecke.de
AWildegger@himmlischefundstuecke.de
A.Wildegger
Adolph-von-Menzel-Str.14
06628 Bad Kösen